AF366237

HOMBRE, IMAGEN DISTANTE
HOMME, IMAGE LONTAINE

ExLibric

PATRICIA ANDRIEU Y FÉLIX MOLITOR

HOMBRE, IMAGEN DISTANTE
HOMME, IMAGE LONTAINE

EXLIBRIC

ANTEQUERA 2021

PATRICIA ANDRIEU Y FÉLIX MOLITOR

HOMBRE, IMAGEN DISTANTE
HOMME, IMAGE LONTAINE

*Homenaje a Friedl Dicker-Brandeis,
asesinada en Auschwitz en 1944.*

A los millones de desaparecidos de la Segunda Guerra Mundial.

Antes de que fuese deportada a Auschwitz, la artista y pintora Friedl Dicker-Brandeis se encontraba prisionera en Terezín, donde protegía a los niños, enseñándoles a dibujar clandestinamente. Llenó dos maletas de cerca de 5 000 dibujos de niños, que escondió antes de su traslado al campo de la muerte.

Tras la liberación de los campos de concentración se recuperaron intactas las dos maletas y se trasladaron al Museo Judío de Praga.

Miles de niños pasaron por Terezín antes de ser trasladados a Auschwitz, donde murieron en las cámaras de gas.

Sobrevivieron solo unos pocos.

Los dibujos de Terezín recuerdan y llevan el nombre de estos niños… Son su testimonio.

House in a landscape (Casa con paisaje). Robert Hirsch (1933-1944). Sin fecha (1943-1944). Acuarela sobre papel. 20,7 x 27,7 cm. Firmado UL: Hirsch R. H 2 H X. Origen: elaborado en las clases de dibujo en el gueto de Terezín (Theresienstadt) organizadas entre 1943 y 1944 por la pintora y profesora Friedl Dicker-Brandeis (1898-1944). En la colección del Museo Judío de Praga desde 1945. Acc. No. JMP 131.452. https://www.jewishmuseum.cz/en/explore/permanent-exhibitions/children-s-drawings-from-the-terezin-ghetto-1942-1944/

Friedl Dicker-Brandeis: Pohled z okna ve Františkových Lázních (Vista desde la ventana de Františkovy Lázně), 1936. Cortesía del Museo Judío de Praga.
https://awarewomenartists.com/wp-content/uploads/2017/05/dicker-brandeisfriedl_vue-depuis-la-fenetre-de-frantiskovy-lazne_1936_aware_women-artists_artistesfemmes-1161x1500.jpg

Prólogo

Esta creación poética es una composición musical en cinco tiempos, un poema en diversas voces. Es el espacio que recoge todos los gritos enterrados del tiempo, todo el no saber, el no poder, el no querer dejar atrás los sacrificios humanos que marcan los caminos de la historia.

Los tres primeros tiempos se centran en el hombre, sujeto de la memoria y objeto de la deconstrucción y del no ser, así como en el espectro del genocida y la llama inmemorial del martirio, en el espejo del siglo que concentra la inhumanidad de todos los tiempos y todas las civilizaciones. ¡El humano lugar que la muerte deslumbra!

El cuarto y el quinto tiempo hacen referencia principalmente a la máquina de extermino de la Alemania de Adolf Hitler.

La obra hace homenaje a una gran mujer, Friedl Dicker-Brandeis, una pintora judía de nacionalidad austríaca, asesinada el 9 de octubre de 1944 en Auschwitz-Birkenau. Su heroico compromiso con los niños traumatizados del campo de Terezín nos ha dejado hoy un legado de unos 4.500 dibujos que han permitido a cientos de niños expresar sus miedos y preguntas mediante imágenes, encontrar un poco de consuelo y evadirse a través de los sueños y el olvido.

En términos generales, el presente poemario intenta dar voz a todos los que no la tienen y que yacen en las fosas comunes de todos los sistemas genocidas y doctrinas del Estado que pretenden silenciar a aquellos cuya mera existencia se considera prescindible. ¡Porque sus almas han hablado!

Patricia Andrieu et Félix Molitor

PRIMER TIEMPO

Hombre, imagen distante
¿De qué ilusión?

I

Recuerdos que se lleva el viento.

Los recuerdos bajo el control de los sueños
son imágenes que danzan sobre el suelo,

son bailes de invisibles tormentos.

***

Invisible sobre el extraordinario umbral del aire,
el momento susurra los polvorientos restos del tiempo.

***

El hombre es un sueño.
Su propio sueño.
Fulgurante.

***

La imagen de la blanca cabellera al viento,
efímera espuma del mar al cielo con el tiempo.

***

Imagen distante…

Forastera
en su morada.

Los ecos se responden en las voces…

***

Un niño embobado
clava los ojos en el hombre sentado

que no se mueve…
ni se marcha…

***

El niño observa al humano.

«Homo sum: humani nihil a me alienum puto» (Terencio).

Imagen distante…

***

El niño en el laberinto.
Una luz viva le impresiona.
Un fuego deslumbrante o una divinidad hechizada quizá…
El niño embobado atisba unas sombras que bailan.
Son las llamas del círculo de fuego.

De repente le rodean…

***

El Hombre sentado ha cerrado los ojos.

Su sueño fulgurante
observa lo distante.
A cavar…, a cavar.

Lugar del Ser.

***

Las cuatro estelas sobre la laguna del mundo

señalan los signos
de la antigua cruz.

Extraños…

***

El hombre se llena del espacio.
En lo que cree se empeña en creer.

***

Orden de los comunes.
Comunes vitalidades de los hombres.

Orgías para divertir a los reyes,

para buscar la inmortalidad.

***

El hombre se llena del espacio.
En lo que cree
se empeña en creer.

La imagen distante…
liberada de todo cuerpo.

***

El resplandor rodea el promontorio,
la gloria cubre la pétrea efigie,

el humano lugar que la muerte deslumbra…

***

¡Hombre! ¿De qué ángel? ¿De qué bestia?
¿Hombre cuya simiente
devora la carne cruda de sus gentes?

Poseído por *el Divino*
para las mundanas noches de los tiempos.

***

La llama sobre el altar.
Se cierne el ser incandescente

sobre el umbral de lo inaudito…

La ardiente coraza de sus eternos combates.

***

Lugar del Ser.
¿Humano de qué humanidad?

Hombre, lugar del Ser
que la muerte deslumbra.

¿Qué le resta pues de humano?

II

El niño se baña en el desconcierto de los sueños
para nacer en las contorsiones de los cuerpos.

¿Quién le castiga para erigirlo rey?
¿Quién para nutrirle
le insufla en su propio ser?

De gemas y joyas del reino de las tinieblas
o del dolor de las virtudes.

Se viste el ángel demonio…

***

¡Lo sabe! ¿El qué? Aquello en el otro establecido.
Sería en él mismo su propia vida.

***

Encarnada puerta cerrada
de las profundidades

donde el hombre yace…

***

Profana su lugar del ser
el hombre
con el gesto en la mano.

***

De las tinieblas.
De la luz.

No nace el humano
de la sed de destruir y construir,

de deshacer y ennoblecer…

***

Avanza, se detiene.
El cuerpo cae, se levanta.

El que es

es el que promete.

¿De qué humanidad?

***

El hombre sentado.
Los ojos cerrados.

Su sueño
cegador.

***

El silencio de los muertos.
El silencio del aire.

Somos Ser…
Somos nosotros…
Somos… ser y haber.

Hombre
de sí mismo.
Su propio dilema

de esta *inmortalidad* bajo la tierra.

***

Oh, danza suprema
sobre los restos de los sacrificados.

El *anhelo*
aterrador…

***

El niño corona la colina
para contemplar el cielo.

Desde la oscuridad…

la luna blanca se alza.
Ningún ruido osa romper el silencio.

***

¿Qué hay a lo lejos?

El niño sigue las grandes y esbeltas cimas negras
por la noche.
¿Qué hay tras el claro?

Tras él está el bosque.
Un bosque tan profundo como distante…

***

El niño posa la bolsa a sus pies,
se alza entre los troncos.

Con cada paso tiembla,
con cada paso cruza el instante.

El instante de una tortura.

El instante de un sendero…

***

El niño
con cada uno de sus pasos.
El silencio…

***

Tras el bosque de troncos blancos en la ladera derecha.
Tras el bosque de troncos negros en la ladera izquierda.

Levanta de repente su velo el valle…

***

Emerge de las tinieblas un templo gris.
El niño sube los escalones.

No hay señales de vida.

***

Los solitarios gritos del mar,
donde flotan los navíos.

***

Las cadenas chirrían…
Cráneos apartados de su carne…

***

Sobre el altar del templo
luce el fuego de un cirio grabado.

Volutas delicadas
se alzan al cielo.

Cerca de la llama
un cáliz de sangre fresca palpita

de tantos corazones humanos.

El niño se acuesta.

***

La coraza estalla…
Incorruptible partida…

III

El Hombre.
Su imagen e ideales.

Su Ser con la esperanza de ser.

Permanencia…
El abismo de su destino.

***

El Ser en la excepción.
La esencia de los primeros pasos.

La *ousía*
de las respiraciones infinitas…

***

Lugares del Ser,
los aquí y ahora donde surge la cuestión.

Este es el hombre
en un soplo orgánico.

Este es el hombre en la falla que cava la cuestión.

***

El Hombre súbitamente en la tumba del Hombre.

El Hombre súbitamente se adentra
en las profundidades del abismo de la cuestión.

«¿Qué? ¡La eternidad!».

***

Es el soplo en el camino quien cuestiona la cuestión.
¿Quién? El otro Yo.

Soy cuestión del otro.

El hombre súbitamente en la tumba del hombre.
El hombre súbitamente, la cuestión.

***

¿Imágenes difusas?
¿Conciencias unidas?

Desde sus propios espejos difusos
para perseguir los espejismos
de un deseo de vivir para arder en el mal.

***

Aquí tienes las cenizas…
Las cenizas aquí las tienes…

IV

¿Dónde está el *lugar del Hombre?*

Los arcanos del edificio gregario se agrietan…

***

Banalidad del no Ser.

Se consumen los cuerpos con los ojos abiertos…

Entrañas al descubierto…

Como si la verdad estallase…

En un vientre a rebosar…

***

Sobre la arena el niño descubre formas geométricas.

El viento se lleva las formas con la espuma.

***

Un hombre sin vísceras en las profundidades,
donde se borran los pasos…

Nunca saldrás de donde te han arrojado…

***

En el laberinto, el minotauro devora al niño.

El niño
que empuja al hombre sentado
a las ofrendas del poder.

***

Los allí sentados con los brazos alzados.

¿Cuál es el *lugar del Hombre?*

***

A sí mismo,
arrastrado por las aguas residuales
del permiso y la prohibición.

A sí mismo,
libertades cinceladas sobre las piedras del tiempo…

***

Antiguas figuras convertidas en escombros
tras su máscara humana pulverizada

de un filo inmortal.

El hombre que sabe
sin decirlo ni negarlo…

***

A cavar, cavar de un extremo a otro de la tierra.

El hombre calla ante el espejo de los gritos interesados,
calla ante el espejo del hombre que miente.

***

Calla ante su espejo.
La humanidad
donde el hombre se despoja.

El ballet de los ángeles del infierno.

***

¿Es el niño *quien ríe?*

¿Por qué me falla la razón?
¿Por qué estoy en tierra?

Mis manos se hunden en el mar…

***

Entonces ¿qué soy?

Un hombre que piensa…

¿O que da? ¿O que toma?

***

Hombre, ¿quién o qué?
A quién, a qué.
Haber y Ser.

O quien no será…
O quien no estará…

***

Ser o haber

para que viva
la cuestión
del hombre
en la palabra.

Lugar del ser o del haber.

Habla la nada.

***

Que nace, que muere…

¿De qué sueño las respuestas?
¿De qué permanencia el obrar?
¿Para quién? ¿Para qué?
¿Contra quién? ¿Contra qué?
¿Mentira o verdad?

¿Mentira en contra o a favor?
¿Verdad en contra o a favor?

Pues ¿dónde está el límite?

Pues ¿dónde traza
esta extensión el poder del existir?

***

Observa si somos
ese anciano que empuja a ese anciano.

Ese hombre en tierra se sumergió,
en las runas del nacer y el vivir.

Ese Hombre,
imagen distante
¿de qué ilusión?

SEGUNDO TIEMPO

El clamor

Intercambio de confidencias con escritores mártires

Paisajes en movimiento,
el cielo intercambiable
en
el azul eterno.

***

El ruido del tren desgasta la noche.
La tierra gime dulcemente durante el viaje.
En los rostros, el ruido.
Aplasta el azul de la agonía este rumor; es el viento.

«Le train», Robert Antelme (superviviente de Buchenwald y
Dachau, fallecido en 1990 en París).
https://aquariumvert.wordpress.com

***

Abordemos la memoria.
La memoria es el canto secreto del hombre
que se cierne dulcemente sobre la oscuridad.

***

Esta dulce oscuridad que desciende sobre el alma
y cura las heridas iluminadas por el día...

De la calle provienen la luz y las filas humanas,
como una larga cinta negra extraída del oro.

«Nuit…», Pavel Friedman (fallecido en Auschwitz en 1944).
https://aquariumvert.wordpress.com

***

Iremos al mar…

Las olas son
las aves blancas
en el arenal.

Niños de la mano.

***

Niños
desnudos arrojados al horno.

Niños con los ojos cerrados.

Niños en el cielo azul.

Niños silenciados.

***

Otórgame la inmortalidad,
que el tiempo se detenga en mí
y que la sangre fluya a través de las venas profundas.
Otorga la eternidad a mis ojos,
que se apoyan en el lejano horizonte
como si levantase con pena la tierra de mi mirada.

«Prière pour l'immortalité», Tadeusz Borowski (superviviente de Auschwitz, fallecido a los 28 años en Varsovia en 1951). https://aquariumvert.wordpress.com

***

Hacerte caer.

Estrellas.
Que yo muera.

Las imágenes
donde el ojo se lee.

De sangre el océano
exhala

la muerte…

Te hace caer
la muerte…

***

Un esqueleto de mujer que baila.
Tiene los pies pequeños y delgados,
desnudos sobre la nieve.
Hay esqueletos vivos que bailan.

«Aucun de nous ne reviendra», Charlotte Delbo (superviviente
de Auschwitz, fallecida en 1985 en París).
https://aquariumvert.wordpress.com

***

Y cuando sepamos
nos marcharemos lejos, dejando a la multitud.

Vuelo de paloma.
Lo que la muerte

brinda a las estrellas.
Los párpados cerrados de todos nosotros.

***

Cuando entraba polvo, o bien un sueño,
en el ojo, ese ojo lloraba un poco de sal.
Y cuando una aviesa espina me arañaba la piel,
¡brotaba sangre tan roja como la vuestra!

«L'exode 1942», Benjamín Fondane (fallecido en Auschwitz en
1944). https://aquariumvert.wordpress.com

***

Iremos a la fuente
a beber un corazón, un cuerpo y un espíritu…

***

Juventud terrible al acecho
del enemigo, de la cuerda.
Infancia espantosa que en la intimidad
dirá: esto es bueno, pero esto otro es malo.

«Terezín», Hanuš Hachenburg (fallecido a los 13 años en Auschwitz).
https://aquariumvert.wordpress.com

***

A saber.
Bajo las cenizas de la cuestión.

¿Para quién? ¿Para qué?
Hombre encarnado en hombre.

¿Para quién? ¿Para qué?

Hombre para el hombre…

***

Sobreviviremos.
Nosotros, poderosa tribu,
nos esconderemos donde sea,
incluso bajo tierra.

«Ce que je lisais aux morts», Wlasdislow Zsengel (fallecido en el gueto de Varsovia en 1943).
https://aquariumvert.wordpress.com

TERCER TIEMPO

Funerales

En memoria de las víctimas de la solución final.

A todos los niños...

I

El caballo se derrumbó en la larga ruta.
Las hormigas se deleitan con sus restos.

El canto de la tierra en sus líneas difusas
ignora esta vez lo que resta de gesto.

***

El niño lleva los guijarros en silencio.
Una mariposa de un sucio cristal cuelga.

Selladas las piedras blancas guardan los secretos.
El niño fatigado levanta la mano cual vela.

***

El brillante guijarro un párpado blanco traza.
El caballo levanta los ojos en una exhalación pesada.

El niño carga la piedra en las fangosas aguas.
Se apuñala con ella sobre una malla de agua azulada.

***

El repentino silencio al caballo atemoriza.
El viento sopla una hoja sobre la tierra.

Cantos y oraciones del caballo entre las nubes.
Un tumulto cruza las sombrías riberas.

***

Los niños, las piedras blancas del camino.
En las profundas aguas entonan los clamores.

Junto al caballo, en silencio, se cogen de la mano.
Depositan la ofrenda, la corona de flores.

***

Los niños junto al caballo arrojan las piedras blancas.
En las aguas negras se muere de la danza el brillo.

Los ángeles cantando al presagio de la venganza.
Junto al caballo, para la reverencia, los niños.

***

La blanca paloma sus grandes alas extiende.
Del monstruo en el baile la cegadora lanza.

La pluma volando arremolinada se desprende.
El reptil de fuego el silencio abraza.

***

Triste el pájaro regresa a la ventana cerrada.
Las sombras en la montaña de pieles danzan.

El niño lleva la mano sobre un pedazo de papel.
Los gigantes los cuerpos y los huesos despedazan.

***

Un corazón late… Late… Hacia el cielo se alza.
Cabezas sin ojos ni nariz ni boca…

La serpiente, sobre las piedras arremolinada,
deshace la vida de los cuerpos perforados en los lechos.

***

El niño la cinta negra de sus manos tomó.
Sobre sus pies, la corona dorada de flores blancas.

El caballo liviano sobre el suelo muerto cayó.
En la corona dorada, las flores blancas entrelazadas.

***

El hombre ríe… La muerte de este cuerpo en el camino.
Ríe… Llantos en la sangre, lágrimas de los niños.

En la tierra, las piedras marcadas por las manos
de miles de niños, por miles de niños.

***

Los niños se cogen de las manos vestidos de blanco.
De miles de niños, por miles de niños.

Niños de miles, niños de niños…

II

Insecto de alas cortadas en el cielo gris.
El caballo cayó muerto, los niños en el camino.

La fuente para atraer un corazón, un cuerpo y un espíritu.
La blanca mirada del caballo tiembla bajo la bóveda.

***

Dos insectos bailan, dos sombreros sin ojos.
Bailan tomándose de las manos para no caerse.
Dos siluetas afiligranadas, eso son.
Dos cabezas sin ojos ni bocas, ciegas y mudas.

***

Cogidos de la mano mantienen el equilibrio,
encuentran la supervivencia en los sentidos reencontrados.

Limitarse a mantener la gracia del gesto libre,
como si fueran uno solo sus cuerpos, sus manos,

para que nunca pierda el sentido el que sobrevive.
En la bipolaridad, dos pies entrelazados.

Espejo que representa el *tú* mueres o el *tú* vives.
El rictus del impío sacando los ojos de los condenados…

El baile se desvanece y se cierra como un libro.
Rictus impío en el espejo de los humanos…

CUARTO TIEMPO

Una mirada: una muerte en Treblinka

Ala
que yace
sobre otros cuerpos.

El dolor nace

posado
sobre los sueños…

***

Los corazones sangran.
Del instante cincelado
en las piedras

penetra el aire
donde las almas se espantan.

El rastro de sus ojos bien abiertos
implora al ángel.

***

Las torres negras
en la borrasca
destacan sobre los fragmentos de tierra
donde los seres yacen.

Los árboles se inclinan solitarios.
En los vientos se dispersa el polvo.

***

Solos,
los cuerpos
en silencio
se cogen de la mano.

*El muelle resuena
sin rostro…*

***

Sobre las filas cerradas por los pasos,
sombras.

Una sola mirada
del ala,

cuerpo desnudo.
Cuerpos desnudos dispersos…

***

Oh, niña
abandonada a su merced.

Oh, niña
desangrada por los negros rayos.

¡Oh, Padre Eterno!
Blancura de un alma.

***

La belleza…
en sus ojos abiertos…

El dolor arrollado por la luz.

Oh, el Innominado,
estrella de tierra,
luz
penetrada por el rocío.

¿Por qué…?

***

De miedo
el infierno inciensa las cabezas,
de un sol helado
cubre la palidez de las pieles secas.

Como si el cielo se tornara en rayo
atravesaba las almas.

El viento súbito roza los poros.

Nube de tinieblas…

***

El tan alto cielo
oculta al Dios abismal.

Frente al humo,
los seres imploran
a todos los cuerpos de piedra.

Se deshacen
acostados sobre sus cabezas.
Los cuerpos descienden
en largas colas
a los surcos de lágrimas.

Desaparecer un instante,
morir y nacer en el campo eternal…

***

En el campo

un canto
fúnebre

es
el silencio.

***

El miedo
en la carne
petrificada
sobre el altar
de las sombras.

Las lágrimas
en la oscuridad
donde exhalan
los corazones.

Todos los mares
en los ojos
bien abiertos.

¡Escuchad!

***

Una mano
atraviesa la piel.

Hace frío.

***

Un cuerpo
sobre un cuerpo.
Otro cuerpo más.

Cuerpos desnudos
suplican a un Dios
desaparecido.

***

Lágrimas bajo tierra,
en el aire,
en el campo de polvo.

Lágrimas
en los vientos
de estrellas

van y ven los ojos cerrados de los hombres,
los ojos cerrados del mundo,

la luz dividida con los vientos.
El canto expira.

La tierra donde
los hombres
ignoran
la muerte de los hombres.

Las sombras se deleitan.

***

Los pétalos
de sangre se derraman
por las noches.
Todas las noches.

***

Nubes de tinta
negra ordenan los signos
sobre el escritorio
abandonado por el tiempo…

Nunca más…
Nunca más…

***

De una noche
en Alemania.

De la tierra profunda y oscura.
De los hombres sin cabeza.

Aquellos con los
números marcados
en sus ropas a rayas.

Aquellos
que se remueven en sus cuerpos derrotados.

Solo regresarán una vez…

Números y huellas en la noche.

Una sola vez…

*¡Desafiarán
a los fantasmas de sus muertos!*

***

La estrella en el corazón de una enorme cruz,
vestida
en un mar de fuego,
de la tierra brotará.
De terror los cuatro horizontes
llenará Alemania hasta las entrañas.

Los cuerpos serán recompuestos
en el polvo de los restos.

***

Las cenizas trazarán los nombres
ocultos en las paredes,

en los libros,
en los caminos.

La carne en la tierra
las manos removerán

y las cenizas,
elevadas por el viento,
a las gargantas clamarán.

***

La carne palpita en la superficie,
donde nada vive ni muere.

Sucumbe…

Un segundo insólito en los ojos abiertos…

Los ojos abiertos.
Huellas…

***

Los cuerpos se colocan en la oscuridad.

Los mártires tienen alas.
Las manos atadas por el secreto de los ángeles dormidos.

***

A lo lejos,
en los océanos, se vacían los ríos carmesí…

donde se presenta
el silencio
eterno

por el
sentido indefinido.

***

La boca abierta
para proclamar
lo que ya no puede decir.

Dos ojos en el sueño imposible…

QUINTO TIEMPO

ANTLITZ[1]

---

1   N. del T.: Del alemán, «semblante».

***

Enfrente
la noche agitada
muestra
la señal.

Se arquean los árboles con la tormenta.

***

Una mirada de marcas imposibles
donde los rostros
dibujan

las figuras temblorosas,
agrietadas en la laguna.
Figuras rojo sangre

caminan,
caen,
giran.

Giran
sobre sí mismas...

Se arriesgan,
suplican,
caen y se levantan.

***

Un cuerpo duerme…
un sueño muy pesado
en las fosas comunes,

donde las manos suplicantes
claman…

Las huellas
trazan
bajo tierra…

Observa
las huellas…

***

De todos los rostros
entre las ruinas del mundo.

¿Serás capaz de reconocerlos
en el rastro de los sueños?

¿Serás capaz de oírlos
respirar profundamente en los cuerpos de piedra?

Respiran profundamente
bajo los párpados caídos.

Las huellas del lento tambaleo de los muertos
tendiendo la mano…

***

Osar correr,
de nuevo correr.

El viento en la oscuridad
para arrebatar los sueños.

El tormento de
la vida eterna…

Siempre en otro lugar,
perder el equilibrio.

Consciencia…

Caer.
Desvanecerse.
Regresar.
Recoger.

Vivir hasta desaparecer.

Vivir y caer.

Recoger y de nuevo
cavar.

Cavar un estuario
para huir
del suplicio anunciado
por los espectros embrujados.

Cavar.
Dejar que la vida se expanda…

***

Durante la noche
la crecida de las aguas,
el mar abierto.

La insólita partida…

***

Llegada la noche,
no volverse nunca más.

No regresar
llegado el lugar.

Dejar de hacer ruido
llegada la noche,

llegada la muerte.
Pero ¿qué es morir?

¿Qué es pues?
Ya que el espectro ríe.

Las risas se elevan y descienden.
Las altas chimeneas
escupen las cenizas.

No más lágrimas…

***

Muerte.
Estás muerto.
Los muertos.

Sí, está muerto.
Están muertos.
¿Dónde están sus cuerpos?

¿Dónde de sus cuerpos
se llevaron el aliento?

¿Dónde están los cuerpos?

El cielo.
El cielo permanece azul.
Pero ¿por qué ese gris en el siempre azulado cielo?

¿Dónde estoy en esos senderos del cielo?
Azul y gris y todo ese gris en todo ese azul.
Huir de las torres donde las cenizas revolotean.

***

Quiero correr y corro
fuera de ese tiempo.

Corro
fuera de ese tiempo,
de ese miedo.

Fuera de la sentencia.
La sentencia de la muerte gris azulada.

Desaparecer con el pájaro negro
por encima de los ríos.

No regresar.
¡Nunca jamás!

***

La muerte lanza sus redes al cielo.

Quiero llevar las flores a los pies de los restos.
Postrarme.
Implorar…

Hacerlos brillar…

***

¿De qué conciencia soy?
¡Renuncio a la conciencia!

Mi conciencia enjaulada…
Mi prisión, mi ceguera, mi cuerpo destrozado…

***

¡Quiero volar
muy lejos de mí!

Más allá de los montes.
Más allá
de las serpientes arremolinadas sobre la tierra
que me observan sin cesar…

***

Tengo los pies clavados en la tierra que me retiene.
Tengo los pies desnudos…

Me acostaré sobre las piedras,

estrechando en las manos
los restos de las estrellas.

Las cenizas a lo lejos.
La gravedad de la vida.

Lo que vestirá las almas
el último día…

***

Tomaré mis pies descalzos en las manos.
Me acostaré sobre las piedras apretando los huesos

en mi mano sobre la tierra.
Los cantos anuncian la resurrección de los cuerpos

dispersos.
El cielo en polvo.

***

Bailan con los demás,
cogiéndose de la mano para no caer.

Se cogen de la mano
para mantener el equilibrio,

solo para sobrevivir.
Mantener la simetría del equilibrio.

Como si dos ojos se recompusieran.
Como si dos manos se recompusieran.
Como si dos pies se recompusieran.

Mantener la función binaria,
la función de espejo,

para que el punto nunca falle.
Como si las dos fuerzas de espejo simbolizasen
El *tú mueres*, el *tú vives*…

***

Nada se desvanece, pero todo llora.
La memoria guarda las sepulturas en una esquina
de la habitación.

Hace frío, tanto frío…

en la estancia de las filas de escritorios…

de los paneles de la pared…

El espacio trasciende los espacios.

***

Iremos a la fuente a beber un corazón, un cuerpo
y un espíritu.

Mi otro Yo se elevará en silencio y se balanceará
sobre la isla.

Juntos en un barco.
Volcaremos juntos.

Juntos nos hundiremos.
Nos hundiremos juntos.

Nos abrazaremos a lo que nos une

más allá de la muerte,

del miedo…,

de la locura…

***

Juntos en un solo cuerpo
nos obligarán a morir.

¡Pero no moriremos jamás!

Sobre la autora

Patricia Andrieu nace en Francia en 1970. Tras estudiar Botánica y Educación Especial, dedica su tiempo a la escritura y al análisis de grandes autores literarios. Atraída rápidamente por sus grandes obras, desarrolla un profundo sentido de creación literaria.

Para la autora, la literatura debe mostrar, denunciar y movilizar. No escribe para divertirse ni para divertir a nadie. Como Nelly Sachs, una de sus poetas favoritas, Patricia Andrieu se esfuerza por «otorgar una estela de palabras» a todas las víctimas de la Bestia, a los condenados a los campos de exterminio, a los gulags y a las cámaras de gas. La poetisa se identifica en cuerpo y alma con cada una de las víctimas. Su escritura refleja sus calvarios y acusa al ser humano, el autor, atribuyendo la existencia del mal a la propia materia de la condición humana, y planteando la cuestión de la legitimidad metafísica del genocida.

La obra de Patricia Andrieu se inscribe en la tradición de la poesía filosófica y de sus representantes desde la antigüedad.

Retoma obras de maestros en el género como Dante, Shakespeare, Goethe y Victor Hugo; y de autores más recientes, como Nelly Sachs, Benjamin Fondane, Varlam Chamalov, Osip Mandelstam o Ana Akhmatova. La autora es colaboradora habitual de varias revistas culturales francesas y luxemburguesas, y ha publicado varias antologías de relatos y poemas.

En la actualidad, Patricia Andrieu escribe junto a su marido, Félix Molitor, cuyo papel se centra en los ámbitos del ritmo, el léxico y las figuras que responden a las exigencias de la poesía en el marco de las modalidades lingüísticas que regulan la transposición literaria del pensamiento.

Sobre el autor

Félix Molitor nace en 1958 y pasa su infancia en Luxemburgo. Realiza sus estudios humanísticos en la Universidad de Estrasburgo y obtiene el Doctorado de Estudios Avanzados en Lenguas Modernas y Literaturas Comparadas. A partir de 2002, se convierte en miembro de la sección de artes y letras del Institut Grand-Ducal de Luxemburgo. Actualmente reside en Francia.

Desde 1976 escribe principalmente poesía en francés. Tras ganar el Premio Tony Bourg en 1998, publica antologías de poemas y colabora en revistas culturales tanto en Luxemburgo como en otros países. El autor trata de describir con palabras el pensamiento, utilizando herramientas poéticas para liberarlo de las ataduras del razonamiento y acceder al conocimiento puro, que marca la frontera entre lo descriptible y lo indescriptible, entre el conocimiento y el desconocimiento, entre la lengua y lo ajeno a ella. Hoy en día, Félix Molitor colabora con su esposa Patricia Andrieu, creando una escritura reinventada que encuentra sus raíces en diferentes corrientes históricas de poesía filosófica e iniciática.

Avant d'être déportée à Auschwitz, Friedl Dicker-Brandeis, artiste-peintre, prisonnière à Terezin, protégeait les enfants en les faisant dessiner clandestinement. Elle a rempli deux valises avec près de 5000 dessins d'enfants, lesquelles elle a pris soin de cacher avant son transfert au camp de la mort.

Après la libération des camps, les deux valises ont été récupérées intactes et remises au Musée Juif de Prague.

Des milliers d'enfants ont transité à Terezin avant d'être emmenés à Auschwitz où ils sont morts gazés et brûlés.

Seuls quelques-uns des enfants de Terezín ont survécu.

Les dessins de Terezin font mémoire des enfants et portent leurs noms... Ils témoignent.

House in a landscape: Robert Hirsch (1933-1944), Undated (1943-1944), Watercolor on paper, 20,7 x 27,7 cm, Signed UL: Hirsch R. H 2 H X. Provenance: Created during the drawing classes in the Terezín Ghetto organized between 1943 and 1944 by the painter and teacher Friedl Dicker-Brandeis (1898–1944); in the Jewish Museum in Prague's collection since 1945. Acc. No. JMP 131.452
https://www.jewishmuseum.cz/en/explore/permanent-exhibitions/children-s-drawings-from-the-terezin-ghetto-1942-1944/

Friedl Dicker-Brandeis, Pohled z okna ve Františkových Lázních [Vue depuis la fenêtre de Františkovy Lázně], 1936, Courtesy Jewish Museum, Prag https://awarewomenartists.com/wp-content/uploads/2017/05/dicker-brandeis- friedl_vue-depuis-la-fenetre-de-frantiskovy-lazne_1936_aware_women-artists_artistes- femmes-1161x1500.jpg

Avant-propos

Cette création poétique se lit comme une composition musicale en cinq temps, un essai pour un poème à plusieurs voix, l'espace qui recueille tous les cris enfouis des temps, tous les non savoir, les non pouvoir, les non vouloir à la traîne des sacrifices humains qui jalonnent les pavés de l'histoire.

Les trois premiers temps sont focalisés sur l'homme sujet de mémoire et objet de déconstruction et de non être, ainsi que sur le spectre du génocidaire et la flamme immémoriale du martyre, dans le miroir du siècle qui concentre l'inhumanité de toutes les époques, de toutes les civilisations… Homme lieu que la mort éblouit!

Les quatrième et cinquième temps font plus substantiellement référence à la machine d'extermination de l'Allemagne d'Adolf Hitler.

L'ensemble se veut un hommage à une grande dame, Friedl Dicker-Brandeis, une artiste-peintre, juive de nationalité autrichienne, assassinée le 9 octobre 1944 à Auschwitz-Birkenau, dont l'engagement héroïque auprès des enfants traumatisés du camp de Teresienstadt nous lègue aujourd'hui quelque 4500 dessins qui ont permis à des centaines de gamins d'exprimer par l'image leurs peurs et leurs interrogations, de trouver un peu de réconfort et même un peu d'échappatoires dans le rêve et l'oubli…

Plus généralement, le présent recueil tente à donner la parole à tous les sans-voix qui gisent dans les fosses communes de tous les systèmes génocidaires, de toutes les doctrines d'Etat qui visent à réduire au silence tous ceux dont la seule existence est considérée comme étant de trop… Parce que leurs âmes ont parlé!

Patricia Andrieu et Félix Molitor

PREMIER TEMPS

HOMME IMAGE LOINTAINE
DE QUELLE ILLUSION?

I

Souvenirs emportés par le vent

Les souvenirs sous l'emprise des rêves
Sont les images qui dansent sur la terre

Sont danses et d'invisibles tourments

***

Invisible sur les seuils remarquables des airs
L'instant chuchote les restes des poussières du temps

***

L'homme est un rêve
Son propre rêve
Fulgurant

***

L'image blanche chevelure soufflée par les vents
Ephémère écume des lames aux cieux envol des ans

***

Image lointaine…

Etrangère
En sa demeure

Les échos se répondent dans les voix…

***

Un enfant étourdi
Dévisage l'homme assis

Que rien n'enlève…
Ni déloge…

***

L'enfant dévisage l'humain

«*Homo sum: humani nihil a me alienum puto*» (Térence).

Image lointaine…

***

L'enfant est dans le labyrinthe
Une lumière vive l'impressionne
Un feu éblouissant une divinité ensorcelée peut être…

L'enfant sidéré aperçoit des ombres qui dansent
Elles sont les feux dans le cercle de feu

Soudain des flammes l'encerclent…

***

L'Homme assis a fermé les yeux

Son rêve fulgurant
Regarde les lointains
À creuser… creuser

Lieu d'Être

***

Les quatre stèles sur l'étang du monde

Marquent les signes
De l'antique croix

Etranges…

***

Homme se remplit de l'espace
Dans ce qui croît s'obstine de croire

***

Ordre des communs
Communes vitalités des hommes

Orgies pour divertir les rois

À chercher l'immortalité

***

Homme se remplit de l'espace
Dans ce qui croît
S'obstine de croire

L'image lointaine…
De tout corps affranchie

***

Flamboyance entoure le promontoire
Glorifiance drape le gisant dans la pierre

Homme Lieu que la Mort éblouit…

***

Homme! De quel ange? De quelle bête?
Homme de Qui donc la semence
Dévore la chair crue des siens?

Possédé par l'*Un Divin*
Pour les nuits ordinaires des Temps

***

Flamme sur l'autel
S'avance l'Être d'Incandescence

Sur le Seuil de l'Inouï…

La cuirasse brûlante de ses éternels combats

***

Lieu d'Être
Humain de quelle Humanité?

Homme lieu d'Être
Que la mort éblouit

Et qui donc y reste d'humain?

II

L'Enfant baigne dans le Trouble des Songes
À naître dans les contorsions des corps

Qu'est-ce donc qui le corrige pour l'édifier roi?
Qu'est-ce donc pour le nourrir
L'insuffler dans son propre Soi?

De pierres et de joyaux l'emprise des ténèbres
Ou la douleur des vertus

L'Ange Démon s'y dresse…

***

Il le sait! Quoi? Cela qui dans l'Autre Lui-même établi
Serait dans l'Autre sa propre Vie

***

Huis clos incarné
Des profondeurs

Où l'homme git…

***

A profaner son Lieu d'Être
L'homme
De Main tenant le Geste

***

Des Ténèbres
De Lumière

S'incrée l'humain
Dans la soif de détruire et de construire

De défaire et d'anoblir…

***

Il avance S'arrête
Le corps tombe Se relève

Celui qui est

Est Celui qui promet

De quelle humanité?

***

L'homme assis
Les yeux clos

Son rêve
Étonnant

***

Le silence des morts
Le silence des airs

Sommes-Être…
Sommes-Nous…
Sommes… D'être et d'avoir

Homme
De Lui-Même
Son propre dilemme

De cette *Immortalité sous la terre*

***

Ô Suprême Danse
Sur les restes des sacrifiés

Le *Vœu*
Terrifiant…

***

L'enfant est arrivé sur la colline
À regarder le ciel

Dans l'obscurité…

La lune blanche s'est levée
Aucun bruit ne vient étourdir le silence

***

Qu'y a-t-il au loin?…

L'enfant suit les grandes cimes noires élancées dans la nuit
Qu'y a-t-il derrière la clairière?

Derrière il y a la forêt
Cette forêt si profonde si lointaine…

***

L'enfant laisse son sac à ses pieds
S'élance entre les troncs

À chaque pas il tremble
À chaque pas il traverse l'instant

L'instant d'un supplice

L'instant d'un sentier...

***

L'enfant
À chacun de ses pas
Le silence...

***

Derrière la forêt aux troncs blancs sur le flanc droit
Derrière la forêt aux troncs noirs sur le flanc gauche

La vallée soudain offre son voile...

***

Sort des ténèbres un temple gris
L'enfant a gravi les marches

Aucune vie ne fait signe

***

Les cris seuls de la mer
Où flottent des navires

***

Des chaines crissent…
Des crânes enlevés de leurs chairs…

***

Sur l'autel du temple
Il y a le feu d'un cierge gravé

Volutes délicates
S'élèvent dans le ciel

Près de la flamme
Une coupe de sang frais palpite

De tant de coeurs humains

L'enfant se couche

***

Carapace éclatée…
Incorruptible Envol…

III

Homme
Son image son idéal

Son Être-dans-l'espoir-d'être

Permanence…
L'Abîme de son devenir

***

l'Être dans l'exception
L'Etance des premiers pas

L'*Ousia*
Des Respirations infinies…

***

Lieux d'Être
Instant-Lieux où pointe la Question

Voici l'homme
Dans un souffle organique

Voici l'homme dans la faille que creuse la Question

***

Homme subitement dans la tombe de l'Homme

Homme subitement seul descend ses narines
Profond dans l'abîme de la Question.

«Quoi? L'Eternité!»

***

C'est le souffle en allée qui questionne la Question
Qui? L'Autre de Moi

Je suis question de l'Autre

Homme subitement dans la tombe de l'Homme
Homme subitement la Question

***

Images diffuses?
Consciences liées?

De ses propres miroirs diffus
À poursuivre les mirages
D'un vouloir vivre à s'embraser dans le mal

***

Te voilà Poussière… Poussière Te voilà…

IV

Où est le Lieu de l'Homme?

Les Arcanes de l'édifice grégaire se fissurent…

***

Banalité du Non Être

Se consument les corps les yeux ouverts…

Entrailles à voir le jour…

Comme si Vérité éclatait…

Dans un ventre trop plein…

***

Sur le sable l'enfant découvre des formes géométriques

Le vent souffle les formes dans l'écume

***

Au creux des vagues un homme éviscéré
Là où les pas s'effacent…

Là où on t'a jeté jamais tu n'en sortiras…

***

Dans le Labyrinthe le Minotaure dévore l'enfant

L'enfant
Que pousse l'homme assis
Dans les offrandes du Pouvoir

***

De tous ceux-là assis les bras levés

Où donc est le Lieu de l'Homme?

***

À Lui-même
Emporté dans les eaux usées
De licence et d'interdit

À Lui-même
Libertés ciselées sur les pierres des Temps…

***

Antiques figures toutes en décombres
Derrière son masque d'humain pulvérisé

D'un tranchant immortel

L'homme qui sait
Sans le dire ni le nier…

***

A creuser Creuser d'un bout à l'autre de la terre

L'homme se tait dans le miroir des criées vénales
Se tait dans le miroir de l'homme qui ment

***

Se tait dans son miroir
L'humanité
Où l'homme pose

Le ballet des Anges de l'Enfer

***

Est-ce l'enfant qui rit?

Pourquoi ma raison faillit?
Pourquoi suis-je à terre

Mes mains plongent dans la mer…

***

Qu'est-ce donc que je suis?

Homme qui pense…

Ou qui donne? Ou qui prend?

***

Homme Qui donc ou Quoi?
À Qui à Quoi
L'Avoir et l'Être

Ou qui ne serait pas…
Ou qui ne serait là…

***

Être ou Avoir

Pour que demeure
Question
L'homme
Dans le Verbe

Lieu d'être ou d'avoir

Parle le Néant

***

Qui naît qui meurt...

De quel rêve les réponses?
De quelle permanence l'agir?
Pour qui? Pour quoi?
Contre qui? Contre quoi?
Mensonge ou Vérité?

Mensonge contre ou pour?
Vérité contre ou pour?

Où donc la frontière?

Où donc cette étendue
Trace-t-elle puissance d'exister?

***

Vois-tu si nous sommes
Ce vieillard qui pousse ce vieillard

Cet homme à terre a plongé
Dans les runes de naître et vivre

Cet Homme Image lointaine

De quelle illusion?

SECOND TEMPS

LA CLAMEUR

Echange de confidences avec des écrivains martyrs

Paysages cheminent
le ciel interchangeable
dans
Le Bleu éternel

***

Le bruit du train use la nuit.
La terre doucement gémit sous le voyage,
Sur les visages le bruit
Plaque le bleu de l'agonie cette rumeur, c'est le vent

> Robert Antelme (rescapé de Buchenwald et Dachau, mort en
> 1990 à Paris), texte «Le train».
> https://aquariumvert.wordpress.com

***

Irions-nous aux abords de la mémoire
La mémoire est le chant secret de l'homme
Qui se penche doucement dans le noir

***

Cette douce obscurité qui descend sur l'âme
Et soigne les blessures éclairées par le jour...

De la rue viennent la lumière et des files humaines
Comme un long ruban noir extrait de l'or

Pavel Friedman (mort à Auschwitz en 1944), texte «Nuit…».
https://aquariumvert.wordpress.com

***

Nous irons sur la mer...

Les vagues sont
Les oiseaux blancs
Sur la grève

Enfants main dans la main

***

Enfants
Nus jetés dans la fournaise

Enfants les yeux clos

Enfants dans le bleu du ciel

Enfants muets

***

Donnez-moi l'immortalité, que le temps se fige en moi
Et que le sang coule dans le cours des veines, profond
Donnez l'éternité à mes yeux
qui s'appuient sur l'horizon lointain
Comme si je soulevais avec peine la terre de mon regard

Tadeusz Borowski (rescapé d'Auschwitz, mort à 28 ans en 1951
à Varsovie), texte «Prière pour l'immortalité».
https://aquariumvert.wordpress.com

***

Te faire tomber

Etoiles
Que je meure

Les images
Où Oeil se lit

De Sang l'Océan
Exhale

Ce que Mourir…

Te faire tomber
Ce que Mourir…

***

Un squelette de femme qui danse
Ses pieds sont petits, maigres et nus dans la neige.
Il y a des squelettes vivants et qui dansent.

> Charlotte Delbo (rescapée d'Auschwitz, morte en 1985 à
> Paris), texte «Aucun de nous ne reviendra»
> https://aquariumvert.wordpress.com

***

Et quand nous saurons
Nous nous porterons loin derrière la multitude

Envol de colombe
Cela que mourir

Porte aux étoiles
Toutes nos paupières fermées

***

Quand une poussière entrait, ou bien un songe,
Dans l'œil, cet œil pleurait un peu de sel.
Et quand une épine mauvaise égratignait ma peau,
Il y coulait un sang aussi rouge que le vôtre!

> Benjamin Fondane (mort à Auschwitz en 1944), texte «L'exode
> 1942». https://aquariumvert.wordpress.com

***

Nous irons à la source
Boire un coeur un corps et un esprit…

***

Jeunesse affreuse qui guette
l'ennemi, la corde.
Enfance affreuse qui dans son for intime
Se dira: un tel est bon, mais cet autre est méchant.

> Hanuš Hachenburg (mort à 13 ans à Auschwitz), texte
> «Terezin». https://aquariumvert.wordpress.com

***

A savoir
Sous les cendres de la question

Pour qui? Pour quoi?
Homme dans la chair de l'homme

Pour qui? Pour quoi?

Homme pour ce que l'homme…

***

Nous survivrons
Nous Puissante tribu
Nous nous cacherons quelque part,
Serait-ce sous la terre

Wlasdislow Zsengel (mort au Ghetto de Varsovie en 1943),
texte «Ce que je lisais aux morts».
https://aquariumvert.wordpress.com

TROISIEME TEMPS

FUNÉRAILLES

Mémoire des victimes de la Solution Finale

À tous les enfants...

I

Le cheval s'est écroulé sur la longue route
Les fourmis en allée se délectent des restes

Le chant de la terre dans ses lignes dissoutes
Ignore ce temps dans ce qui reste de geste

***

Sans le dire l'enfant emporte les galets
Un papillon se pend dans une vitre sale

Blanches scellées les pierres gardent les secrets
L'enfant si las lève la main telle une voile

***

Le galet brillant trace une blanche paupière
Dans un lourd expir le cheval lève les yeux

Sur les eaux fangeuses l'enfant porte la pierre
S'élance avec elle dans un filet d'eau bleue

***

Le Silence Soudain le cheval a tremblé
Une feuille est soufflée par le vent sur la terre

Chants et prières le cheval dans les nuées
Un tumulte traverse de sombres rivières

***

Les enfants les pierres blanches sur le chemin
Dans les eaux profondes entonnent les clameurs

Près du cheval se taisent et se tiennent la main
Déposent l'offrande la couronne de fleurs

***

Enfants près du cheval lancent les pierres blanches
Dans les eaux noires se meurt l'éclat de la danse

Les anges chantant l'augure de la revanche
Les enfants près du cheval pour la révérence

***

Blanche colombe aux grandes ailes déployées
La Lance aveuglante du monstre dans la danse

Plume détachée s'envole à tourbillonner
Reptile de feu vient étreindre le silence

***

Triste l'oiseau rejoint la fenêtre fermée
Les ombres dansent sur la montagne de peaux

L'enfant porte la main sur un bout de papier
Molosses déchiquettent broient les corps les os

***

Un coeur bat… Il bat… S'emporte haut dans les airs
Des têtes sans les yeux ni le nez ni la bouche

Le serpent tournoie s'enroule sur les pierres
Défait la vie les corps transpercés sur les couches

***

L'enfant le ruban noir de ses mains a extrait
La couronne d'or les fleurs blanches sur leurs pieds

Le cheval est mort sur la terre tout léger
La couronne d'or les fleurs blanches enlacées

***

L'Homme rit… La mort de ce corps sur le chemin
Rit… Des larmes des enfants des pleurs dans le sang

Dans la terre les pierres empreintes de leurs mains
Par milliers les enfants des milliers des enfants

***

Enfants se tiennent les mains drapées tout de blanc
Par milliers les enfants des milliers des enfants

Des enfants des milliers les enfants des enfants…

II

Insecte aux ailes coupées dans le ciel si gris
Le cheval tombé mort les enfants sur la route

La source à puiser un coeur un corps et un esprit
Le cheval tremble son regard blanc sous la voûte

***

Deux insectes dansent deux chapeaux sans les yeux
Dansent en se tenant la main pour ne pas tomber

Deux silhouettes en filigrane ce sont eux
Deux têtes sans yeux ni bouche aveugles et muets

***

Se tenant par la main ils gardent l'équilibre
Trouvent survivance dans des sens retrouvés

Juste garder la grâce du geste libre
Comme si leurs corps leurs mains
s'unifiaient s'étreignaient

Pour que jamais le point ne manque à survivre
Deux pieds se joignent pour la bipolarité

Miroir figurant le *Tu-meurs* ou le *Tu-vas-vivre*
Rictus de l'impie crevant les yeux du damné

La danse s'évanouit comme se ferme un livre
Rictus impie le miroir de l'humanité…

QUATRIÈME TEMPS

UN REGARD: UNE MORTE À TREBLINKA

Aile
Couchée
Sur d'autres corps

Nait la douleur

Posée
Sur les rêves…

***

Les coeurs saignent
De l'instant ciselé
Dans les pierres

Transperce l'air
Où s'effarent les âmes

La marque de leurs yeux grands ouverts
Implore l'ange

***

Les tours noires
Dans la bourrasque
Surplombent des tranches de terre
Où les êtres gisent

Seuls les arbres s'inclinent
Dans les vents dispersent les poussières

***

Seuls
Les corps
En silence
Se tenant la main

La jetée résonne
Sans visage…

***

Sur les rangs serrés des pas
Des ombres

Un seul regard
D'Aile

Corps nu
Des corps nus épars…

***

Ô enfant
Jetée en pâture

Ô enfant
Saignée des foudres noires

Ô l'Eternel!
Blancheur d'une âme

***

La Beauté…
Dans ses yeux ouverts…

La Douleur écrasée de Lumière

Ô l'Innommée
Etoile de terre
Lumière
Trouée de rosée

Pourquoi?

***

D'effroi
L'enfer encense les têtes
D'un soleil glacé
Recouvre la pâleur des peaux séchées

Comme si le ciel devenu éclair
Transperçait les âmes

Les vents soudain effleurent les pores

Nuée ténèbres…

***

Le ciel si haut
Cache un Dieu-Béance

Devant les fumées
Les êtres implorent
Tous les corps de pierre

Se dissolvent
Couchés sur les têtes
Les corps descendent
En longues traînes
Dans les sillons des larmes

Un instant disparaître
Mourir et naître dans l'étendue…

***

Dans l'étendue

Un Chant
Funèbre

C'est
Le silence

***

L'effroi
Dans La chair
Pétrifiée
Sur l'autel
Des ombres

Les larmes
Dans le noir
Où s'exhalent
Les coeurs

Toutes les mers
Dans les yeux
Grands ouverts

Ecoutez!

***

Une main
Traverse la peau

Il fait froid

***

Un corps

Sur un corps
Un autre corps

Corps nus
Implorent un Dieu
Effacé

***

Pleurs sous terre
Dans les airs
Dans l'étendue des poussières

Pleurs
Dans les vents
D'étoiles

Vont et vont les yeux fermés des hommes
Les yeux fermés du monde

Dans les vents la lumière éclatée
Le chant expire

La terre où
Les hommes
Ignorent
Le trépas des hommes

Les ombres s'en régalent

***

Des pétales
De sang se répandent
Dans les nuits
Toutes les nuits

***

Des nuées d'encre
Noire ordonnent les signes
Sur l'écritoire
Laissé au temps…

Plus jamais…
Plus jamais…

***

D'une nuit
En Allemagne

De la terre profonde et noire
Des hommes sans leurs têtes

Ceux-là avec les
Chiffres griffés
Dans des habits rayés

Ceux-là
Qui tanguent dans leurs corps défaits

Une seule fois reviendront…

Chiffres et traces dans la nuit

Une seule fois…

Défieront
Les spectres de leurs morts!

***

L'Etoile au coeur d'une croix immense
Dressée
Dans une mer de feu
De la terre jaillira
De terreur les quatre horizons
Remplira l'Allemagne ouverte jusqu'aux viscères

Les corps se recomposeront
Dans les poussières des restes

***

Les cendres traceront les noms
Cachés dans les murs

Dans les livres
Sur les routes

Des chairs dans la terre
Les mains s'agiteront

Et des cendres
Soulevées par les vents
Des gorges appelleront

***

La chair dans l'étendue palpite
Où plus rien ne vit ne meurt

Succombe…

Seconde Inouïe dans les yeux ouverts…

Les yeux ouverts
Traces…

***

Les corps se rangent dans le noir

Les martyrs ont des ailes
Les mains liées par le secret des anges qui sommeillent

***

Au Loin
Les océans drainent les rivières pourpres…

Où se décline
Le silence
Eternel

Pour le
Point indéfini

***

La bouche ouverte
À clamer
Le Dire ne sait

Deux yeux dans l'impossible rêve…

TEMPS CINQUIEME

ANTLITZ

***

En Face
La nuit trouble
Révèle
Le signe

Dans la tempête les arbres s'inclinent

***

Un regard d'impossible marques
Où les visages
Dessinent

Les Figures pantelantes
Craquelées sur l'étang
Figures rouge-sang

Marchent
Tombent
Tournent

Tournent
Sur elles-mêmes…

Osent
Supplient
Tombent et se relèvent

***

Un corps dort…
Un sommeil si lourd
Dans les charniers de terre

Où les mains en supplique
Appellent…

Empreintes
Tracent
Sous terre…

Regarde
Les traces…

***

De tous les visages
Au milieu des ruines du monde

Sauras-tu les reconnaître
Dans les marques de leurs rêves

Sauras-tu les entendre
Ils respirent fort dans leurs corps de pierre

Ils respirent fort
Sous leurs paupières qui tombent

Les traces des lenteurs des morts qui titubent
Tendant la main...

***

Oser courir
Encore courir

Le vent dans les ténèbres
Pour arracher les rêves

Le tourment de
La vie éternelle...

Ailleurs Toujours
A perdre pied

Conscience...

Tomber
S'évanouir
Revenir
Ramasser

Vivre disparaître

Vivre et tomber

Ramasser et encore
Creuser
Creuser un estuaire
Pour s'enfuir
le trépas annoncé
par les spectres ensorcelés

Creuser
Que la vie s'évase…

***

Dans la nuit
La montée des eaux
Le grand large

L'Envol inouï…

***

Atteindre la Nuit
Ne plus se retourner

Ne plus revenir
Atteindre Lieu

Ne plus faire du bruit
Atteindre la Nuit

Atteindre Mourir
Mais qu'est-ce donc que mourir?

Qu'est-ce donc?
Car le spectre rit

Les rires montent et descendent
Les hautes cheminées
Crachant les cendres

Plus de larmes…

***

Mort
Toi mort
Les morts

Oui il est mort
Ils sont morts
Où sont leurs corps?

Où leurs corps?
Le souffle emporté?

Où sont les corps?

Le ciel
Le ciel reste bleu

Mais pourquoi ce gris dans le ciel toujours bleu?
Où suis-je dans ces traînées de ciel?
Bleu et gris et tout ce gris dans tout ce bleu
Fuir les tours où virevoltent les cendres

***

Je veux courir je cours
Hors des heures de ce temps

Je cours
Hors de ce temps
De cette peur

Hors de la sentence
La sentence de la mort gris-bleu

À Disparaître avec l'oiseau noir
Au-dessus des fleuves

Ne revenir
Jamais plus!

***

La mort jette ses traînes dans le ciel

Je veux porter des fleurs aux pieds des restes
Me prosterner
Implorer…

Les faire resplendir…

***

De quelle conscience suis-je?
J'abjure la conscience!

Ma conscience dans la cage…
Ma prison ma cécité mon corps broyé…

***

Voler je veux
Très loin de moi!

Au-delà des monts
Au-delà
Des serpents en cercle sur la terre
Qui me dévisagent sans cesse…

***

Mes pieds sont rivés à la terre qui me retient
Mes pieds sont nus…

Sur les pierres je me coucherai

En serrant dans les mains
Les restes des étoiles

Des cendres au loin
La pesanteur du vivant

Cela qui habillera les âmes
Au Dernier Jour…

***

Je prendrai mes pieds nus dans les mains
Me coucherai sur les pierres en serrant les os

Dans ma main sur la terre
Les chants annoncent la résurrection des corps

Eparpillés
Le ciel en poussière

***

Ils dansaient avec leurs autres
En se tenant la main pour ne pas tomber

Se tenant par la main
Pour rester en équilibre

Juste à survivre
Garder la symétrie de l'équilibre

Comme si deux yeux se recomposaient
Comme si deux mains se recomposaient
Comme Si deux pieds se recomposaient

Garder La fonction binaire
La fonction miroir

Pour que le point ne soit jamais défaillant
Comme si les deux forces du miroir symbolisaient
Le *Tu Meurs* le *Tu Vis*…

***

Rien ne s'efface mais tout pleure
La mémoire range les sépultures dans un coin de la pièce

Il fait froid si froid…

Dans la pièce des rangées d'écritoires…

Des pans de mur…
L'espace transcende les espaces

***

Nous irons à la source boire un coeur un corps et un esprit
Mon Autre s'élèvera dans le silence et tanguera sur l'île

Ensemble sur un bateau
Nous chavirerons ensemble

Ensemble nous coulerons
Nous coulerons ensemble

Nous nous enlacerons dans ce qui nous lie

Au-delà de la mort
De la peur… De la folie…

***

Ensemble en un seul corps
On nous fera mourir

Mais nous ne mourrons jamais!

A propos de l'auteur

Patricia Andrieu est née en France en 1970. Après des études en botanique et en enseignement spécialisé, elle consacre désormais son temps à l'étude des auteurs notoires et à l'écriture.

Très tôt attirée par la grande littérature, Patricia Andrieu développe un sens aigu de la création littéraire.

Pour l'auteure Patricia Andrieu, la littérature doit révéler, dénoncer, mobiliser. On n'écrit pas pour se divertir ni pour divertir autrui. À l'instar d'une de ses poètes favorites, Nelly Sachs, Patricia Andrieu s'applique à « donner une stèle de paroles » à toutes les victimes de la Bête, aux condamnés des camps d'extermination, Goulags et chambres à gaz, la poète s'identifie corps et âme à chaque victime du mal, son écriture retranscrit les calvaires et accuse l'humain qui en est l'acteur, inscrivant l'existence du Mal dans la matière-même de la condition humaine et posant la question de la légitimité métaphysique du génocidaire.

L'œuvre de Patricia Andrieu s'inscrit dans la tradition de la poésie philosophique et de ses représentants depuis les temps les plus anciens en passant par des phares du genre comme Dante, Shakespeare, Goethe, Hugo, et plus récemment une Nelly Sachs, un Benjamin Fondane, un Varlam Chamalov, un Osip Mandelstam, une Ana Akhmatova…

Patricia Andrieu collabore régulièrement à des revues culturelles luxembourgeoises et françaises. Elle a publié plusieurs recueils de contes et de poèmes.

Patricia Andrieu partage aujourd'hui l'écriture avec son mari Félix Molitor dont le rôle consiste prioritairement à traiter les domaines du rythme, du lexique et des figures répondant aux exigences de la poétique dans le cadre des modalités linguistiques qui régulent la transposition littéraire de la pensée.

A propos de l'auteur

Félix Molitor, né en 1958, passe son enfance au Luxembourg. Etudes de lettres à l'université de Strasbourg. Diplômé de Troisième Cycle (DEA) en Lettres Modernes et Littérature Comparée. Depuis 2002, il est membre de l'Institut Grand-Ducal, section des arts et des lettres. Actuellement, il vit en France.

Depuis 1976, écrit principalement de la poésie en français. Détenteur du Prix Tony Bourg en 1998, il publie des recueils de poèmes et collabore à des revues culturelles au Luxembourg et à l'étranger.

L'auteur Félix Molitor s'engage en faveur d'une mise en mots de la pensée que les outils poétiques permettent de libérer des carcans du raisonnement pur et de faire accéder à une «connaissance pure», limite entre le dicible et l'indicible, entre connaissance et inconnaissance, entre la langue et ses ailleurs.

Aujourd'hui, Félix Molitor collabore avec son épouse Patricia Andrieu en faveur d'une écriture toujours à réinventer qui trouve ses racines dans les différents courants historiques de la poésie philosophique et initiatique.

Índice

9 788418 912856